Amour de page

Amélie Murat

4 août 1909

© 2025, Amélie Murat (domaine public)
Édition : BoD · Books on Demand, 31 avenue Saint-Rémy,
57600 Forbach, bod@bod.fr
Impression : Libri Plureos GmbH, Friedensallee 273,
22763 Hamburg (Allemagne)
ISBN : 978-2-3225-5646-5
Dépôt légal : Janvier 2025

TABLE DES MATIÈRES

(ne fait pas partie de l'ouvrage original)

Amour de Page

Piece en vers, en 1 prologue et 2 actes

<table>
<tr><td colspan="1" align="center">PERSONNAGES</td></tr>
<tr><td>Henri, 16 ans.</td></tr>
<tr><td>Blanche, 18 ans.</td></tr>
<tr><td>Arnauld, 35 ans.</td></tr>
<tr><td>Marthe, nourrice de Blanche.</td></tr>
</table>

Prologue

Le Départ

Une salle d'un château, dans l'Île de France, au temps de Saint Louis. Au fond, une fenêtre donnant sur la campagne ; à droite et à gauche, deux portes se faisant face ; un bahut, un dressoir ; armes et armures, plusieurs escabeaux, un large banc à dossier, garni d'étoffes et de coussins, et placé un peu en arrière des portes, fait face au public ; au premier plan : à droite, un siège à haut dossier, à gauche, une table massive. C'est près de cette table qu'Arnauld, revêtu du haubert et la croix à l'épaule, achève de s'équiper avant de partir pour la Terre-Sainte. Henri lui présente les dernières pièces de l'ajustement. La belle lumière d'un jour d'été éclaire la salle.

HENRI, *un peu tristement.*

Alors, messire Arnauld, vous ne m'emmenez pas ?

ARNAULD

Non, mon enfant : la traversée et les combats,

La peste, la prison, la mort en Palestine
Peut-être… savons-nous ce que Dieu nous destine,
Et si nous reverrons la France et le foyer !
Sont de trop menaçants dangers…

HENRI

                        D'être écuyer
Et me joindre aux exploits de mon maître, j'ai l'âge
Depuis longtemps.

ARNAULD

            Je sais petit… et le courage :
Tes membres, toutefois, sont moins forts que ton
cœur.

HENRI, *les yeux brillants.*

Oh j'aurais bien trouvé de la mâle vigueur
Pour marcher ou voguer jusqu'à la Terre-Sainte
Combattre, de Jérusalem forcer l'enceinte,
et ravir le Tombeau !

ARNAULD

                Quel guerrier résolu !
Montrant les armes posées sur la table
Tout est prêt ?

HENRI

Oui, messire,
plus doucement

et puis, j'aurais voulu
Vous rendre maint service, avoir soin de vos armes,
Partager avec vous soucis, travaux, alarmes,
Et quand vous languirez amèrement d'ici,
Vous repourvoir de fraîche espérance…

ARNAULD, *touché*

Merci
De ton bon zèle, Henri ; sans quitter ce domaine,
Tu pourras l'employer, près de ta châtelaine,
À consoler sa peine, occuper son loisir,
Et la distraire.

BLANCHE, *qui est entrée silencieusement par la gauche,
s'approchant d'Arnauld*

Hélas ! de tout charme ou plaisir
Le deuil cruel de votre absence me retranche…

ARNAULD

Blanche !
à Henri qui se dirige vers la droite, puis sort

Je te rappellerai.

avec tendresse.

Ma douce Blanche !

BLANCHE, *mettant ses bras autour du cou d'Arnauld.*

Mon cher seigneur Arnauld, je vous aime beaucoup !

ARNAULD

Ah ! ce vivant collier de tes bras sur mon cou,
Faut il le dénouer si tôt !

BLANCHE

                    Depuis nos noces,
À peine un an… faut-il qu'elles soient si précoces,
Si promptes à couler, les larmes des adieux !

ARNAULD

De ces larmes que boit mon baiser sur tes yeux
Tour à tour, je m'afflige et je me glorifie :
Ne disent-elles pas, à Blanche, que ta vie
Est liée à la mienne ?

BLANCHE

Elles disent cela.

ARNAULD

Si c'est ton cœur qui dans leur silence parla,
Puis-je emporter le tendre espoir qu'il se souvienne ?

BLANCHE

Ah ! oui… lorsqu'en l'exil de la terre païenne
Vos regards s'enfuiront par les flots et l'azur
Avec la voile ou le nuage. Soyez sûr
Qu'au pays, explorant l'horizon, quelqu'un pense :
« Quand donc messire Arnauld reviendra-t-il en
France… ? »

Marthe, entrant par la droite.

L'écuyer, maître, auprès des gens d'armes, attend
Vos ordres pour seller.

ARNAULD

C'est bien, dans un instant.
L'heure nous presse, hélas ! mais avant que je parte,
Laisse-moi t'exhorter encor, ma bonne Marthe,
À veiller de ton mieux sur mon bien le plus cher.
Il désigne Blanche, qui s'est assise sur le siège à dossier.

MARTHE

Messire, elle est un peu la fille de ma chair
Ayant sucé mon lait, elle est aussi la dame
Dont chaque ordre, sitôt signifié, réclame
Un diligent effort… tenez-vous donc certaine
Que j'aurai, pour garder son précieux destin
Avec le dévouement soumis d'une servante
Les soins qu'amour de mère ou de nourrice invente.

ARNAULD

Je le crois.

MARTHE

     La pauvrette a le cœur tant marri
Qu'elle voudra pleurer tout le jour son mari !
Mais un tel désespoir convient mal à son âge :
Et ce serait grand crime, autant que grand dommage,
De laisser se ternir ces riantes couleurs,
Et ces yeux doux luisants se fondre sous les pleurs.

ARNAULD

Sans doute.

MARTHE

     Aussi, cherchant remède à sa détresse,
J'emmènerai souvent ma dolente maîtresse
Par les chemins fleuris qui ceignent nos côteaux,

Ou bordent nos fins ruisselets… dans les châteaux.
Aux dames d’alentour elle rendra visite ;
S’il vient quelque plaisant ménestrel, qui récite
Des lais ou des chansons, nous lui ferons accueil
Hébergeant sa veillée… Ainsi, ces jours de deuil
Enfuis plus vite, aux jours heureux céderont place.
Il faut bien, n’est ce pas, que l’absence se passe
Sans trop souffrir ?

ARNAULD

C’est là mon souhait ; cependant,
Je réprouve à bon droit tout écart imprudent,
Et veux qu’à notre amour elle reste fidèle…

BLANCHE, *d’un ton de reproche.*

Arnauld !

ARNAULD

Pardonne-moi, ma Blanche.

BLANCHE, *indignée.*

Douter d’elle !
Ah ! que cet outrageant soupçon vous soit ôté !
N’a-t-elle pas autant d’honneur que de beauté ?
Aussi long que puisse être un tel pèlerinage,
Vous la retrouverez, maître, jolie et sage.

ARNAULD

Bien, Marthe, va guérir mon page, et prends souci
Des apprêts du départ.
Marthe sort par la droite.

BLANCHE, *se levant.*

J'y veux veiller aussi ;
Et contre tout péril guerrier ou maléfique
Vous donner un flacon de baume, une relique.

ARNAULD, *la retenant.*

Et puis, ce talisman dont rien ne peut user
Le pouvoir, ce trésor fleurissant : ton baiser !
Il l'embrasse tendrement, puis elle s'éloigne par la droite.

ARNAULD, *après un silence, la voix émue.*

Non. Je ne doute pas qu'à cette heure elle m'aime
Mais la plus droite, la plus fière épouse même
Peut sentir quelque jour sa sagesse en défaut…
Henri n'est qu'un enfant… soit, c'est ce qu'il me
faut :
Car où l'homme est coupable, où la serve est
complice,
L'enfant remplit, d'un front léger, son bon office.

HENRI, *entrant.*

Vous m'avez appelé ?

Arnauld

J'ai voulu te revoir
Afin de te tracer nettement ton devoir.
Je crains qu'il ne soit un peu lourd…

Henri, d'un ton résolu.

Tant mieux,
messire ;
Je n'ai point peur : voilà longtemps que je désire
M'acquitter envers vous, qui toujours fûtes plein
De générosité pour le page orphelin.

Arnauld

À l'heure où des lieux saints la dépense m'appelle,
C'est ma richesse la plus douce, la plus belle,
Que j'abandonne…

Henri

J'y veillerai.

Arnauld, vivement.

Ne crois pas
Qu'en mon cœur défiant s'agite un soupçon las.

Je sais combien son âme est limpide et parfaite
Mais sa grâce prend sous les pleurs un air de fête ;
Sa jeunesse en ces murs brille comme un flambeau !
                    Avec mélancolie
Et moi, je ne suis plus très jeune, pas très beau,
Et je m'en vais…

HENRI

Messire !

ARNAULD, *se reprenant.*

                              Écoute-moi. Ton rôle
Est d'être actif, docile, ingénieux et drôle.
Comme un page avisé qu'auprès d'elle tu fus.
Mais tu devras peut-être opposer des refus.

HENRI, *attentif.*

Lesquels ?

ARNAULD

                    Je n'aime pas ces longues promenades
Dans les chemins où vont routiers, chanteurs,
nomades…

HENRI

Bien.

ARNAULD

Ni qu'on ouvre l'huis tout grand aux étrangers.

HENRI

Je vous comprends, messire.

ARNAULD

Évite les dangers.
D'une voix profonde et vibrante
Enfin, malgré ton bon vouloir, si d'aventure
Quelque hôte déloyal en mal de forfaiture,
En convoitant la main qui porte mon anneau
Troublait le cœur qui m'appartient…

HENRI, *de même.*

Messire

Arnauld
Si frêle que je sois je manie une lance,
Et jure de réduire à l'éternel silence
Le filou qui voudrait attaquer votre honneur

ARNAULD, *d'un ton moins grave.*

14

Allons, j'aime à te voir en si farouche humeur,
Et d'un cruel ennui ton serment me libère
Mais tu n'auras pas lieu de sévir, je l'espère.
Allant ouvrir la porte de droite.
Marthe, tout est-il prêt ?

MARTHE, *revenant avec Blanche.*

Oui, messire

BLANCHE

J'ai mis
À votre selle mes petits présents promis ;
Gardez-les bien.

ARNAULD, *un doigt sur sa bouche, mystérieusement.*

Le plus merveilleux, je l'emporte
Nul ne pourra me le ravir !

BLANCHE

Jusqu'à la porte,
Permettez-moi d'accompagner vos pas…

ARNAULD

Oh ! non.
Veux-tu que faiblissant je perde mon renom

De vaillance !
avec émotion
Si tu savais comme il m'en coûte
De briser notre vie et de me mettre en route !
Il faut partir. Adieu, ma Blanche, souviens-toi !
*Il l'étreint rapidement une dernière fois. À Henri, qu'il
embrasse.*
Petit page, commence à l'instant ton emploi :
Reste auprès d'elle.
À Marthe
Tiens.

BLANCHE

Mon cher Arnauld !

HENRI

Mon

maître !

ARNAULD, *de la porte.*

Adieu !
Il sort par la droite, suivi de Marthe.

BLANCHE, *s'élançant à la fenêtre entr'ouverte*

Que je le voie au moins de la fenêtre !
Il monte en selle… il part.

On entend des piétinements de chevaux, des cliquetis de fer,
des appels.

Oh ! la triste rumeur !
Il me semble soudain que quelque chose meurt
Au fond de moi.
Elle vient s'asseoir sur le banc, dans une attitude désolée.

HENRI, *avec douceur.*

Le sort sans pitié vous rudoie,
Dame Blanche ; c'est votre amour et votre joie
Qu'il vous prend d'un seul coup.

BLANCHE, *douloureusement*

Eh ! que me reste-t-
il ?

HENRI

Le souvenir, qui dans la rigueur de l'exil
Tient compagnie ainsi qu'une bonne présence
Le souvenir des jours heureux, et l'espérance
D'un fidèle revoir et d'un bonheur nouveau.

BLANCHE

L'espérance ? sait-on, hélas ! ce qu'elle vaut !

HENRI, *d'un ton convaincu.*

La vôtre, j'en réponds, ne sera point trompée,
Dieu ne permettra pas que saisissant l'épée
Pour sa cause, et partant aux pays musulmans
Lorsque votre tendresse et vos attraits charmants
Lui rendaient plus aimable encor le sol de France,
Dieu ne permettra pas qu'en pareille occurrence,
Sous le règne et l'appui du plus saint de nos rois,
Messire Arnauld succombe à sa tâche !

BLANCHE, *incertaine*

Tu crois ?

HENRI, *dans une exaltation croissante*

Oui, madame. Songez à l'heure bienheureuse
Où vous apparaîtra, sur la route poudreuse,
Parmi le choc des fers et les appels du cor
Sa bannière, au soleil lançant des flammes d'or !
Il reviendra, couvert d'une glaire éclatante…
Votre amour, éprouvé par une longue attente,
Mais nourri chaque jour par l'espoir précurseur,
Aura bien plus de force et bien plus de douceur ;
Vous pleurerez, mais de délices. Quelle épouse
N'envierait votre sort, et ne serait jalouse
D'un mal qui doit fleurir en bien ?

BLANCHE, *ses larmes séchées, les lèvres entrouvertes pour un sourire.*

Petit Henri

Tu crois cela ?...

HENRI

J'en suis certain !
à part, triomphant.

Elle a souri !

Rideau

ACTE I

L'Aveu

Le même décor, Henri va, vient dans la pièce, disposant des fleurs sur le dressoir, puis plaçant auprès du siège à dossier un escabeau servant de petite table où sont de menus objets, entre autres un miroir à main. Blanche, accoudée à la fenêtre ouverte, regarde d'un air de regret le paysage printanier.

BLANCHE

Quel joli ciel, avec les grandes ailes blanches
Des nuages… Oh ! vois ces fleurs au bout des branches
De vrais bouquets !
Se retournant
Pourquoi ne veux-tu pas sortir ?

HENRI, *qui s'est rapproché de la fenêtre*

Madame, de ma part ce serait consentir
À la plus dangereuse et plus folle équipée ;
La campagne, autour du manoir, est occupée
Par les bandes des pastoureaux… pour aujourd'hui
Résignez vous encore

BLANCHE, *languissamment.*

À me mourir d'ennui !

Quand donc messire Arnauld reviendra-t-il en France ?

HENRI

Vous déplorez beaucoup cette incertaine absence !

BLANCHE, *poussant la fenêtre, et revenant au premier plan,
suivie d'Henri.*

Mais oui beaucoup ; crois-tu d'ailleurs que ce soit gai,
Derrière le vitrail de faire ainsi le guet,
Lorsqu'au soleil d'avril la route s'illumine ?…
Cela ne me vaut rien ; j'ai fort chétive mine ;
Et mon seigneur Arnauld ne retrouvera plus
Les attraits auxquels ses regards se sont complus…
*Elle a pris sur l'escabeau le miroir à main, et s'est
regardée.*

HENRI

Oh ! qu'à ce vain souci votre âme soit rebelle.
avec ferveur
Car vous êtes toujours admirablement belle !

BLANCHE

Petit flatteur !

      observant le page
      Toi-même as des yeux languissants
Qui m'inquiètent.

      HENRI, *vivement*

       Moi ? jamais je ne me sens
Malade…

      BLANCHE, *s'asseyant*

     C'est que tout à la fois nous accable :
Marthe en son lit, fiévreuse et dolente, incapable
De se charger d'aucun service, d'aucun soin,
Et mon époux, messire Arnauld si loin, si loin…!

      HENRI

C'est pour vous, dame Blanche, une cruelle épreuve,
Et je comprends trop bien que votre âme s'émeuve ;
Mais orientez-la du côté de l'espoir !
Le temps de votre exil s'abrège à chaque soir…
Dans quelques mois, ou moins encor, quelques semaines,
La croisade achevée enfin, sur ses domaines
Reparaîtra messire Arnauld.
     avec une charmante persuasion
       En attendant,
Obéissez, madame, au zèle trop prudent

Qui toujours se défie ou s'alarme et soupçonne
Le piège d'un péril guettant votre personne
Et ne m'en veuillez pas.

BLANCHE, *chaleureusement.*

                    T'en vouloir, cher petit !
À toi si généreux, si vaillant, si gentil
Qui ne songes qu'à me défendre ou me distraire ?
Mais je te remercie et te loue au contraire
Pour tant de vigilance.

HENRI

                    Et quelquefois, vos jours
Doivent un agrément à mon faible secours ?

BLANCHE

Mais oui… sois donc tranquillisé, gardien sévère !
Dans un soupir.
Et pour passer ce long-après-midi, que faire ?

HENRI, *spontanément.*

Si je vous récitais des vers ?

BLANCHE

Mais je veux bien

HENRI, *plus timide.*

Ce sont des vers d'amour… cela ne vous fait rien ?

BLANCHE

Non… Quel scrupule ! Allons, j'écoute…

HENRI, *après un instant d'hésitation, commençant d'une voix un peu incertaine, pour s'exalter et mettre beaucoup d'emphase dans les dernières strophes.*

La Secrète Chanson

Dedans mon cœur jalousement se cache
L'amour éclos contre ma volonté :
Il ne faut pas qu'elle surprenne et sache
Le mal si doux causé par sa beauté.

Craignant toujours qu'un mot ne me décèle,
En son chemin j'erre silencieux ;
Et pour voiler la subite étincelle
De mon regard, je détourne les yeux…

Mais quelque effort qu'en tremblant je m'impose,
Ma destinée offre un constant péril,
La fleur d'amour en mon âme est enclose :

Puis-je céler son arôme subtil ?

Je sens, hélas ! qu'il serait bien plus sage
De renoncer à ce vain sentiment,
je n'en ai pas l'inflexible courage…
Dure mon rêve, et dure mon tourment !

Mes jours sont lourds, mes nuits tristes… Qu'importe,
Si de ce mal je ne veux pas guérir ?
— Et c'est ainsi que sans espoir je porte
Le cher secret qui me fait tant souffrir !

BLANCHE, *qui a écouté attentivement.*

Elle est

jolie
Ta chanson.

HENRI, *dont l'émotion devient presque joyeuse.*

Vous trouvez ?

BLANCHE

En ses stances s'allie
Au sentiment discret le tour harmonieux.

HENRI

25

Alors, elle vous plaît ?

BLANCHE

Sans réserve.

HENRI

Tant mieux !

BLANCHE

Qui donc en est l'auteur ?

HENRI, avec vivacité

Je la tiens d'un trouvère.

BLANCHE

Et tu la dis très tendrement…
Dans un nouveau soupir
Qu'allons-nous faire ?

HENRI

N'avez vous pas promis un ornement d'autel
À Notre-Dame ?

BLANCHE

Si… mais c'est un travail tel
Qu'il me lasse bientôt quand je ne suis aidée ;
Et Marthe est hors d'état de s'y joindre… Une idée :
Mais oui… toi-même !

HENRI, *étonné.*

Moi, dame Blanche ?

BLANCHE

Ces
doigts
Souples et fins, seront je l'imagine adroits !

HENRI, *protestant.*

Oh ! vous n'y pensez pas !

BLANCHE

Si, justement. J'y pense.

HENRI

Un page

BLANCHE, *l'interrompant.*

D'aucun soin jamais ne se dispense

avec une autorité enjouée.

Et puis, voilà des jours et des mois, près d'un an
Que j'obéis à ta sagesse… maintenant
Il est temps de changer les rôles ; donc, j'ordonne !
Nous allons commencer à l'instant même : donne
Ce que tu vois là-bas.

*Elle désigne une étoffe roulée, sur la tablette du
bahut*

Approche, et tiens tes yeux
Ouverts…
*Henri lui a présenté l'ouvrage, elle le déploie sur ses
genoux, prend l'aiguille et brode ; Henri, penché tout près
d'elle, regarde.*
Le plus facile, et le plus ennuyeux
C'est le feuillage : on passe, on repasse… on nuance
Toujours ainsi… vois-tu ?

HENRI

Non, pas très bien.

BLANCHE

Avance
Un peu ton front…
*Et comme Henri, alangui déjà par ce contact féminin, n'ose
bouger, elle reprend :*

Pourquoi demeurer à l'écart ?

HENRI, *d'un ton plein de trouble.*

Tous vos petits cheveux me brouillent le regard.

BLANCHE

Mes cheveux ? tiens, es-tu content ?
Elle a prestement ramené ses cheveux sous son voile, et de
son bras droit elle entoure et rapproche Henri ; ils sont
presque joue contre joue ; elle se remet à broder.
Les belles
feuilles !
Oh ! nous travaillerons, si peu que tu le veuilles ;
Tu feras tout le vert, et moi tout le fleuri…
Tu comprends ?

HENRI, *d'une voix blanche.*

Oui, madame.
Il porte la main à son front, et chancelle.
Ah !

BLANCHE, *alarmée, se levant pour le soutenir.*

Qu'est-ce donc ?

Henri,
Qu'as-tu ? Parle, j'ai peur.

HENRI

Une simple faiblesse.
Cela passe… non, laissez-moi !
Il tente de se dégager.

BLANCHE

Que je te laisse ?
Tu chancelles encore ! Il faut t'étendre ici,
La tête en ce coussin.
Elle le conduit vers le banc à dossier.

HENRI, *résistant toujours.*

Ne prenez pas souci ;
Je puis marcher, rester debout.

BLANCHE, *le faisant étendre.*

Chut ! sois donc sage.
Un peu d'air… un peu d'eau fraîche sur le visage…
*Elle va rouvrir la fenêtre, puis du petit mouchoir qu'elle
prend dans son escarcelle et mouille à l'un des vases du
dressoir, elle effleure la tempe du page.*
Un moment de repos…
Après un court silence.
Tu m'as mise en émoi,
Et mon cœur bat très fort…

HENRI, *d'un ton faible.*

> Tant de peine pour moi !

BLANCHE

C'est de te voir si blanc, si las… Tiens, je t'embrasse
Pour te guérir, mon pauvre enfant…
Écartant les chevaux d'Henri, elle lui met au front un
baiser spontané.

HENRI, *bouleversé, les larmes aux yeux.*

> Oh ! non… de
grâce,
C'est trop ! Éloignez-vous, madame.

BLANCHE, *stupéfaite.*

> Qu'as-tu donc ?
Tu pleures ! je ne sais que penser…

HENRI

> Oh ! pardon
C'est fou ! quoi ? vous venez, de votre lèvre douce
Dissiper ma fatigue… et moi je vous repousse !
Pardon. Je n'y peux rien.
Un temps. Henri, les yeux mi-clos, les mains abandonnées
reste immobile.

BLANCHE, *qui s'est retirée au jour de la pièce, à part.*

Ce malaise si prompt…
Puis ce trouble et ces pleurs quand je le baise au front
Comme un enfant…
Sans être vue ni entendue d'Henri, elle se rapproche.

HENRI, *à demi-voix, comme en un songe douloureux.*

Mon Dieu, quelle affreuse souffrance !
Quand donc messire Arnauld reviendra-t-il en France ?

BLANCHE, *anxieuse.*

Que dit-il ? Ah ! j'ai peur de trop comprendre…
Elle vient près du banc, et touche l'épaule du page.

Henri !

HENRI, *se soulevant.*

Madame !

BLANCHE

Ce malaise étrange est-il guéri…?

HENRI

Presque.

BLANCHE

Tu peux parler ?

HENRI

Oui, madame…
*Il veut se lever ; elle le retient, le laissant seulement
s'asseoir.*
Non, reste :
Tu n'aurais qu'à tomber encore au moindre geste.
Elle prend un siège, à sa droite.
Où te sentais-tu mal ?

HENRI

Vous-même l'avez dit.
C'est le besoin d'air printanier qui m'étourdit.

BLANCHE

Et ces larmes ?

HENRI

Vraiment, je ne sais pas : on pleure
Souvent sans deviner le motif…

33

BLANCHE

> Tout à l'heure,
> Je t'entendis gémir, et murmurer tout bas :
> « Quand donc messire Arnauld… »

HENRI, *vivement*

> Je ne me
> souviens pas
> La fièvre ou la fatigue…

BLANCHE

> Un mystère se cache
> Dans tes actes, lequel ? il faut que je le sache…
> *Avec plus de force*
> Il faut que nous sachions ! Qu'as-tu ?

HENRI, *se défendant*

> Mais je n'ai
> rien ;
> Croyez-moi, dame Blanche.

BLANCHE

> Oh ! tu ne mens pas
> bien.
> *Avec une insistance croissante*

Qu'as-tu ?

HENRI, *suppliant*

Je ne puis pas vous le dire, madame.

BLANCHE

Qu'as-tu ?

HENRI

Je suis à bout…

BLANCHE, *d'une voix basse et rapide*

Ces vers qu'avec tant d'âme
Et de ferveur, tu m'as récités aujourd'hui,
Sont de toi ?…

HENRI, *presque avec violence*

Vous voulez le savoir ? Eh bien… oui !

BLANCHE

Écrits… pour moi !

HENRI

Pour vous !
Humblement

Vous êtes offensée ?

BLANCHE, *dans une honte soudaine*

Oh ! jamais je n'aurais conçu cette pensée,
Et même en écoutant ta secrète chanson
je n'eus pas un moment le plus léger soupçon…
Un silence
Apprends-moi maintenant, par un aveu sincère,
Comment cela s'est fait ?

HENRI

Est-ce donc nécessaire ?
Car plus j'y songe et plus j'en souffre !…

BLANCHE

Mon
enfant,
Du mal que l'on connaît bien mieux on se défend,
Et je veux te guérir ! Confesse toi…

HENRI

Je n'ose.

BLANCHE

N'avais-tu point prévu ni désiré la chose ?

HENRI

Oh ! non… messire Arnauld si bon, dont le bonheur
Né sous mes yeux, m'était aussi cher que l'honneur !
En ce jour où parmi les fleurs, les chants de fête,
Glorieux ainsi qu'au retour d'une conquête,
À son bras, il vous fit entrer dans le manoir,
Comme je me sentais heureuse de son espoir !
Tous vos vassaux, groupés pour vous voir au passage,
Devinant votre cœur grâce à votre visage,
S'applaudissaient que leur seigneur devint l'époux
D'une aussi noble dame. Et j'étais fier de vous,
Mais pour messire Arnauld !

BLANCHE

Après ?

HENRI

Lorsque mon
maître
Partit pour la croisade, il me fit donc promettre
De veiller sur vos jours assombris, d'empêcher
Tout hôte dangereux jusqu'à vous d'approcher
Je promis. Et dès lors je n'eus plus d'autre envie

Que d'entourer de soins et d'égards votre vie.
J'inventais des travaux, des surprises, des jeux,
Tout allait bien. J'étais actif et courageux.
Et puis…
Il hésite

BLANCHE

Et puis ?

HENRI

Comment la chose m'advint-elle,
Je ne sais, mais avec une angoisse mortelle
J'eus conscience, en moi d'un grave changement :
Tout m'atteignait, plaisir ou peine, étrangement…
Mon zèle se doublait d'une âpre inquiétude ;
Loin de vous, dans mes courts instants de solitude,
J'éprouvais un désir, un besoin de vous voir !
Et près de vous j'étais si prompt à m'émouvoir
Que j'aurais voulu fuir votre chère présence.
Sans accorder d'abord la moindre complaisance
À ce mal inconnu, j'évitais d'y songer,
J'affectais à vos yeux un calme mensonger.
Mais un soir, me sentant frémir jusqu'à la moelle
Pour avoir effleuré le bout de votre voile,
J'osai me demander : « Si c'était de l'amour !… »

BLANCHE, *vivement*

Ta crainte a pu mentir.

HENRI, *debout, s'exaltant.*

                              L'amour. C'est tour à tour
Quelque chose de fort, quelque chose de tendre !
C'est vouloir on ne sait quel trésor, c'est attendre
On ne sait quel bonheur… L'Amour ? il est divers,
Et reflète, et résume en soi tout l'univers :
Tantôt, comme un grand souffle il vous emporte
l'âme,
Puis vous la brûle ainsi qu'une puissante flamme,
Et puis vous l'alanguit comme une bonne odeur.
L'Amour ? c'est en notre être une source d'ardeur
Inépuisable… On vit dans un transport extrême,
Comme si l'on était le héros d'un poème…
On voudrait accomplir d'insignes actions ;
Vaincre toute une armée, abattre des lions,
Braver la mort dans les dangers qu'on multiplie,
Rien que pour lui prouver qu'on l'aime à la folie !…
                D'une voix tendre et tremblante
L'Amour ? comme il nous rend parfois faibles et las !
Comme il nous fait fermer les yeux, ouvrir les bras.
On n'est plus qu'un duvet qui s'abandonne et
tremble,
Et l'on s'enfonce, et l'on s'envole tout ensemble
Jusqu'au sein d'un abîme et jusqu'en haut d'un
ciel !…
L'Amour ? c'est dans le soir un fugitif appel

Nous invitant au rêve, au désir, à l'attente.
Mais rien ne vient qui nous apaise et nous contente.
Ah ! qu'est-ce qu'on veut donc ? car voilà qu'on se sent
Le front lourd de vertige et le corps frémissant,
Le cœur gonflé, comme le cou des tourterelles…
Ah ! qu'est-ce qu'on veut donc ? caresser ses mains frêles
Qui sont deux oiseaux blancs ? dérouler ses cheveux
Qui font mille anneaux d'or ! Ah ! qu'est-ce que je veux ?…
Henri, qui aux derniers vers a convoité d'un ardent regard les mains et les cheveux de Blanche, se cache enfin le visage dans ses doigts, vaincu par son exaltation.

BLANCHE

Henri ! qui t'inspira ce magique langage ?
Toi, l'enfant qui portait mon missel, toi, le page
Dont les joyeux ébats résonnaient dans la cour,
T'exprimer de la sorte !

HENRI, *frémissant*

Alors, c'est de l'amour ?…

BLANCHE

Peut-être…

HENRI, *la voix vibrante.*

Eh bien, c'est un délicieux martyre !
Écoutez : ces nuits-ci… mais dois-je vous le dire ?

BLANCHE

Dis tout !

HENRI

Le rossignol chante. Dès que sa voix
M'éveille doucement du songe où je vous vois,
Je me lève, et vais m'accouder à la fenêtre.
Ah ! quel émoi profond m'étreint et me pénètre !
Je crois saisir l'écho musical de mon cœur
Qui vibre à se briser d'amour et de douleur !
Parfois, ce chant si clair semble dans l'ombre noire
Le dernier souvenir que garde ma mémoire,
La fleur épanouie aux fentes d'un tombeau…
Et tout cela, madame, est si triste et si beau
Que je m'attarde à la fenêtre, oubliant l'heure,
Et quand finit la cantilène, que je pleure,
Les yeux encor brûlants au lever du matin !
Il retombe sur le banc.

BLANCHE, *de tout cœur*

Ah ! mon pauvre petit, quel douloureux destin
Je te fais !

HENRI

Jusqu'ici, m'efforçant à ma tâche,
J'ai réussi pourtant à ne pas être un lâche.
Je songeais au serment qui me lie, au devoir
Qu'il fallait accomplir noblement, pour pouvoir
À l'heure du retour, sans reproche et sans honte,
Du trésor à mes soins confié rendre compte.
Ah ! ce retour, c'était le terme souhaité
Qui mettrait à l'abri du mal ma volonté !
Mais comme à vos désirs trop souvent je résiste,
En ce jour lumineux d'avril, vous étiez triste
De voir, par le vitrail entr'ouvert, le ciel bleu…
Alors, pour vous désennuyer, et puis un peu
Vous murmurer, à votre insu, la confidence
De mon amour, — c'était une grave imprudence, —
Je vous ai récité ces vers… ils vous ont plu.
J'en fus déjà troublé ; puis vous avez voulu
M'apprendre à composer la guirlande fleurie
Éclose en votre fin travail de broderie.
Il fallait me penchant, regarder de tout près…
Vos cheveux sentaient bon, et votre souffle frais
Battait ma tempe, ainsi qu'un léger vent qui joue
J'ai voulu m'éloigner ; mais contre votre joue,
D'un geste, vous avez pressé la mienne. Alors
Mes yeux se sont fermés ; j'ai senti tout mon corps
Fléchir.

BLANCHE, *violemment*

Henri, tais-toi !

HENRI

Pardon ! mais c'est vous-
même
Qui désiriez savoir à quel point je vous aime…

BLANCHE, baissant la tête

C'est vrai.

HENRI

Ne devinais-je pas que j'avais tort ?
S'il me fallait un tel quotidien effort
Pour vous servir, vous approcher sans défaillance
Quand rien ne vous mettait encore en défiance.
Maintenant que par mon propre aveu vous savez,
Et lirez sur mon front tous mes secrets gravés,
Et de mon pauvre amour surprendrez chaque signe,
Pour remplir le devoir que mon serment m'assigne.
avec angoisse
Dites, comment ferai-je ?

BLANCHE

Oh ! comment ferons-
nous ?

43

HENRI, *ébloui, effrayé*

Dame Blanche !

BLANCHE, *toute cette fin d'acte dans un débordement
d'émotion*

                    Oui, j'eus tort ; mes rêves étaient
fous
Et j'ai trop présumé de moi ; mais je te jure
Que mon intention fut généreuse et pure !
Je voulais confesser ton mal pour le guérir…
Mais voyant, pendant ta confidence, s'ouvrir
Ton âme de seize ans, naïve et délicate,
Où le premier transport de la ferveur éclate,
Puis-je ne pas sentir un instinctif émoi ?

      HENRI, *enivré, détournant son visage.*

Il ne faut pas…

            BLANCHE

            J'apprends que tu souffres par moi,
Que mon aveugle insouciance a laissé naître
Ce trouble qui désarme aujourd'hui tout ton être,
Et l'épouvante, ainsi qu'un noir péché mortel.
En ce réveil brutal, il est bien naturel
Que ma pitié, vers ta douleur vienne et se penche…
Elle vient s'asseoir sur le banc, à la gauche d'Henri.

HENRI

Moi, non, il ne faut pas me plaindre, dame Blanche.

BLANCHE

Tu sais si bien toucher mon cœur ! c'est à la fois
Le charme de tes mots, la douceur de ta voix,
De tes yeux.

HENRI

       J'ai pourtant parlé sans artifice,
N'ayant pas le dessein de vous rendre complice
D'un sentiment coupable, et que l'honneur défend.

BLANCHE

Découvrir un pareil trésor chez un enfant
Qui jusqu'à cette heure eut la force de se taire,
Dont l'aveu fut, comme l'amour, involontaire…
Alors, l'étonnement, le charme, la pitié,
L'émotion… cela joint à mon amitié
Qui pour toi dès le premier jour fut vive et vraie…

HENRI, *se débattant toujours contre cette montée de tendresse*

Il ne faut pas…

BLANCHE

Ce mot que tu pressens t'effraie ?…
Mais nous ne ferons rien de mal, et connaissant
Avec notre commun devoir envers l'absent
Le danger qui dans notre existence se glisse.
Nous nous exhorterons à vaincre sa malice !
Puis il me semble, enfin, que je te dois, pour prix
Du martyre que sans te plaindre tu souffris,
Cette tendre, et tremblante, et tardive réponse…
Non ! ce n'est pas assez que mon regard l'annonce.
Le silence pour l'accueillir s'est adouci…
Henri…

HENRI, *faiblement*

Madame, il ne faut pas…

BLANCHE

Je t'aime aussi…
*Et dans la pénombre bleue du crépuscule, ils se prennent
les mains, tandis que leurs visages se baissent ou se
détournent…*

Rideau.

ACTE II

Le Châtiment

Le même décor, un soir de juin. Blanche, assise au premier plan, brode. Henri, debout près de la table, s'occupe à fourbir des épées, tous deux sont pâles avec des yeux de fièvre ; ils évitent de se regarder en parlant, et leurs mouvements révèlent une douloureuse contrainte.

BLANCHE

Donne moi de la soie et de la lame…
Henri va chercher des écheveaux, sur la tablette du bahut.
Pose
Sur mes genoux.
Les yeux baissés, il pose les écheveaux.
Merci.

HENRI

Vous faut-il autre chose ?

BLANCHE

Attends ; il fait bien chaud, ouvre un peu le vitrail ;
Henri va entr'ouvrir la fenêtre
Là… maintenant, tu peux reprendre ton travail.

Un temps assez long, pendant lequel tous deux s'occupent.

BLANCHE, *d'une voix grave, laissant sa broderie.*

Henri !

HENRI, *s'interrompant aussi.*

Madame ?

BLANCHE

   Bien souvent, je me demande
S'il ne vaudrait pas mieux pour tous deux, tant est grande
L'angoisse où nous nous débattons depuis ce jour
Où ton amour a fait éclore mon amour,
S'il ne vaudrait pas mieux nous séparer…

HENRI

            Moi-
même,
J'ai déjà médité longuement ce problème.

BLANCHE, *s'animant.*

Ce n'est pas une vie, et tu le comprends bien
Que de nous obstiner au combat quotidien
Où nous tremblons que notre vouloir ne se brise :

Frémissant d'un pareil émoi, quand par surprise
Se rencontrent nos yeux ou se frôlent nos doigts,
Et troublés, plus encor que du son de nos voix
Du silence inquiet que nous gardons ensemble…

HENRI

Ce n'est pas une vie. Et pourtant, il me semble
Que mon devoir m'oblige à rester près de vous.
Marthe, votre nourrice, est morte ; et votre époux
Frappe le dernier coup de lance en Terre-Sainte ;
Les serviteurs peu sûrs demeurés dans l'enceinte
Du manoir, auraient-ils pour vous les soins qu'il
faut ?
                    D'un ton ferme.
D'ailleurs, j'ai fait serment devant messire Arnauld
De vous défendre… aussi cruel que m'apparaisse
Le devoir accepté, je tiendrai ma promesse
Jusqu'au bout !

BLANCHE, *émue*

            Pauvre enfant… comme tu dois
souffrir !

HENRI, *douloureusement*

Ah ! oui… c'est vrai, je souffre ! oui, je souffre à
mourir !…

BLANCHE

Dis-moi ton mal.

HENRI

        Il prend tout mon être, et sans trêve
Épuise me journée, ou ravage le rêve
Qui lorsque je me couche et m'endors, abattu,
Réveille votre image en moi…

BLANCHE

        Que rêves tu ?

HENRI

Presque toujours la même chose, triste et douce :
Vous approchez sans bruit, marchant sur de la mousse,
Puis je sens, comme au jour de l'aveu, se poser
Vos lèvres sur mon front…

BLANCHE

        Quoi ? ce petit baiser !
Tu voudrais donc revivre encor cette minute ?

HENRI

Comment savoir ce qui s'agite en moi ? je lutte…
D'abord, je me dérobe à tout désir mauvais ;
Et puis, je ne vois plus vers quel gouffre je vais…

BLANCHE, *presque las.*

Moi non plus.

HENRI

C'est surtout cela qui me désole !

BLANCHE

Que je t'aime ?

HENRI

Eh bien, oui !

BLANCHE

Quelle étrange parole !
Parce qu'à ton craintif amour j'ai répondu
Tu souffres ?

HENRI

Oh ! pardon… vous de qui la vertu
Resplendissait, si pure, et si ferme, et si haute,
Vous, succomber pour moi !

BLANCHE, *avec tristesse*

> Ce n'est pas votre faute,
Et le sort se montra grandement hasardeux
De nous laisser dans cet isolement, tous deux…
Moi-même, aurais-je cru manquer à la mémoire
De mon époux, messire Arnauld ?

HENRI

> C'est la plus noire,
La plus irrémissible, hélas ! des trahisons,
Que nous commettons là…

BLANCHE, *vivement*

> Pourtant nous ne faisons
Rien de mal, et Dieu sait quelle est notre souffrance !

HENRI

C'est vrai… nous ne faisons rien qui soit en défense
Et nous souffrons ! nous pouvons donc être
sauvés !…

S'exaltant.

Ah ! tenons vers ce seul espoir nos cœurs levés !
Les jours passent… le temps au temps même
s'ajoute ;
Les chevaliers croisés peut-être sont en route…
Encor quelques efforts nous gardant de faillir,

Et nous mériterons ensemble d'accueillir,
Sans avoir à nous reprocher aucune offense,
L'heure où messire Arnauld doit revenir en
France. !…

BLANCHE, *après un court silence*

Oses-tu quelquefois, sans honte et sans frayeur,
Regarder jusqu'au fond ténébreux de ton cœur ?

HENRI

Comment ?

BLANCHE

Nous évoquons ce soir l'heure inconnue
Qui de messire Arnauld sonnera la venue.
Eh bien… oui, c'est affreux ! mais je sens me saisir
Dans le secret de ma misère, le désir
Qu'il ne revienne en aucun temps !

HENRI, *épouvanté*

Madame !

BLANCHE, *sourdement*

Songe :

Ce serait donc la fin du dangereux mensonge
Où nous nous retranchons comme deux ennemis.
Notre coupable amour pourrait être permis.
Rien ne séparerait de moi ta destinée !

HENRI

Madame…

BLANCHE

Libre et seule, à peine ton aimée,
Je saurais assurer votre bonheur ; ton nom
Est ainsi que le mien de noble race.

HENRI

Oh ! non,
Plus un mot !…

BLANCHE

Jure-moi que de cette pensée
Ton âme n'est jamais émue et traversée ?

HENRI

Mais en de tels assauts je me jette à genoux,
Priant, suppliant Dieu d'avoir pitié de nous !

Et de tout mon vouloir je repousse et déplore
Cette horrible tentation…

BLANCHE, *se levant*

                        Tu n'es encore,
Malgré l'éveil hâtif de l'amour, qu'un enfant
Dont la candeur victorieuse se défend
Des troubles de la chair et des langueurs de l'âme…
Et je suis, pour ma damnation, une femme !

HENRI

C'est pourtant moi qui par cet amour vous perdis…

BLANCHE

Je t'entraîne à mon tour… va, nous sommes maudits !
*Elle fait quelques pas et se dirige vers la fenêtre. Henri, qui
s'est laissé tomber sur un escabeau, la tête dans ses mains,
se redresse et reprend un instant sa tâche.*
Viens donc, assez longtemps ta main s'est occupée
À rendre aiguë et reluisante chaque épée.

HENRI

Messire Arnauld m'en a confié l'entretien.

BLANCHE, *à la fenêtre*

Si tu savais comme il fait beau, comme on est bien
Le ciel a la couleur d'une rose effeuillée,
Le vent, pour émouvoir la pensive veillée
Des arbres, leur chuchote une histoire, un secret
Qui s'ébruite, et va déranger la forêt…
Ah ! les choses, ce soir, revêtent de tels charmes
Qu'en mes yeux éblouis montent de folles larmes !
Elle se rapproche.
Viens !

HENRI, *résistant*

Non, je vous en prie.

BLANCHE, *à la fenêtre*

Et que cela sent bon !
Ce parfum court dans l'air comme une eau sous un pont…
On croirait que toutes les fleurs, toutes les plantes,
Celles des prés, des bois, des berges et des pentes,
Et jusqu'aux plus petits brins d'herbe des chemins
Embaument l'horizon !
les mains au dehors
Tiens, j'en prends à mes mains
De cette essence…
revenant
Tiens !

56

HENRI

Non, laissez moi !

BLANCHE, *à la fenêtre*

Peut-
être,
Lorsqu'une étoile au clair de l'azur va paraître,
Entendrons-nous chanter le rossignol d'amour ?
Tu m'as conté qu'à la fenêtre de la tour
En avril, retenant ton pas et ton haleine,
Tu t'enivrais de la vibrante cantilène
Qui semblait exhaler vers la paix du ciel noir
L'ardeur de ton désir et de ton désespoir !
Mais cette nuit de juin, nous surprendrons ensemble
L'oiseau dont le chant vole à la pointe du tremble,
Et si tu veux pleurer, je t'ouvrirai mes bras !
Elle revient jusqu'au premier plan.
Viens, mais viens donc !

HENRI, *avec violence*

Ah ! non, non, non ! Je ne
veux pas !

BLANCHE

Mais nous ne ferons rien de mal…

HENRI

> Hélas ! le sais-je ?
Le mal… pour nous tenter ne met-il pas un piège
Dans les baumes et les accents du soir trop doux ?
Le mal… il rôde autour de nous, il entre en nous !

BLANCHE

Comment lui résister ? il nous presse, il nous brûle !

HENRI, *désespérément*

Oh ! nous sommes maudits !…
> *Un silence. Le jour baisse.*

BLANCHE, *assise, d'un ton las.*

> Voilà le crépuscule.

HENRI, *de même*

Encore un jour passé…

BLANCHE

> Encore un jour…
Un nouveau silence, puis le son lointain d'un cor.
Blanche, s'élançant à la fenêtre.

HENRI

N'as-tu pas entendu ce cor ? C'est mon mari
Qui revient !

HENRI, *la rejoignant*

Quoi, messire Arnauld ?

BLANCHE, *regardant au dehors*

                                        Dans la
poussière
Du lointain, j'aperçois le vol de sa bannière.

HENRI, *même jeu*

Je vois aux feux du soir son armure qui luit.

BLANCHE

Il devance le trot des cavaliers…

HENRI, *avec exaltation*

                                        C'est lui !
Oui, c'est messire Arnauld qui reparaît en France !

BLANCHE, *affolée*

Tais-toi ! déjà, mon Dieu !

HENRI

> C'est notre délivrance
À tous les deux !

BLANCHE

> Pourquoi mentir ainsi ? je vois,
Je sens de la douleur dans tes yeux, dans ta voix !

HENRI

Non, non, vous le disiez : nous ne pouvions plus
vivre !
Ce retour, trop longtemps attendu, nous délivre !
> *On entend le cor, plus rapproché.*

BLANCHE

Ce cor…

HENRI

> Écoutez donc comme il s'annonce haut !

BLANCHE

Il ne m'empêche pas d'entendre le sanglot
Que tu refoules… Quoi ! même à cette seconde,

Tu veux encor cacher ta détresse profonde !

HENRI, dans un brusque abandon

Eh bien non : soyez satisfaite ! il a suffi
De ce cor me lançant de loin comme un défi,
De ce retour… je suis sur le bord d'un abîme,
Prêt à tomber…
Tous deux sont revenus au milieu de la scène.

BLANCHE, d'une voix basse et passionnée

Crois-tu que ce serait un crime
De sceller notre adieu d'un unique baiser ?

HENRI

Oh ! nous ne devons pas !

BLANCHE

Tu feins de refuser…
Mais en tendant les bras et les lèvres !

HENRI, dans un vertige

Madame…

BLANCHE, de même

Henri !

61

son de cor

HENRI, *reculant*

Ce son tout proche… Oh ! ce serait infâme !
Un effort ! sauvons-nous de nous-mêmes !…

BLANCHE, *égarée, la main à son front*

                        C'est
vrai,
Je suis folle !

HENRI, *la poussant vers la porte de gauche.*

        Éloignez vous : seul, je recevrai
Messire Arnauld ; cela vaut mieux, je vous assure !
C'est bien assez d'avoir éprouvé la morsure
De ce mauvais désir.

BLANCHE, *avec désespoir*

           J'étais folle… Ô mon Dieu,
Quelle honte et quelle douleur !

HENRI

                 Quittez ce lieu
Allez, pour votre époux, mettre la plus jolie

62

De vos parures… oubliez cette folie ;
Et songez à le rendre heureux, l'aimer encor !

BLANCHE

Oublier… pourrons-nous ?

HENRI, *violemment, à la porte de gauche*

                              Ah ! partez donc !
Blanche est sortie, Henri revient sur le devant de la scène ;
un appel de cor.
                                                        Ce
cor…
                D'une voix ferme et profonde.
Et maintenant, il faut que justice se fasse.
J'ai promis de punir la criminelle audace
Du traître qui voudrait un jour ravir le lieu
Dont mon seigneur Arnauld m'avait laissé gardien.
Ce traître ce fut moi. J'ai péché par envie,
Si c'est offenser Dieu que de s'ôter la vie,
C'est enfreindre sa loi que forfaire à l'honneur
Et trahir son serment !
                fléchissant le genou
                        Pardonnez-moi, Seigneur !
        Il considère les épées posées sur la table
Las ! J'ai donc préparé mon sort ? Mais le temps
presse,
Et j'ai peur de manquer de courage et d'adresse.

Puis, mourir, cela doit faire mal ? puis le sang
Qui coule… heureusement que l'ombre enfin
descend.

Choisissant une épée

Ce fer percera ma poitrine.
S'enveloppant d'une cape brune, qu'il prend au mur.
Cette cape
Étanchera le ruisseau rouge qui s'échappe…
S'étendant sur le banc
Ce banc où j'ai reçu son baiser sur mon front
Me semblera, pour m'endormir, mol et profond.
*La nuit tombe graduellement ; on entend un pas, une
rumeur.*
J'entends venir mon maître.
avec angoisse
Oh ! le revoir en face
Après cette heure…
lentement, profondément
Il faut que justice se fasse !
*Il se porte un coup d'épée à la poitrine, l'ombre, la cape,
l'attitude, dérobent le geste et la blessure.*
Mon Dieu… je souffre !

ARNAULD, *entrant par la droite, sans voir Henri, et
s'avançant sur le devant de la scène ; d'une voix forte et
joyeuse*

Blanche ! il fait bien sombre
ici.

Blanche ! mon page ! Marthe… Et quoi, personne ?

Henri, *dont l'accent devra faiblir jusqu'à la fin*

Si,
Messire, je suis là…

Arnauld, *allant vers le banc, comme pour embrasser
Henri, dont le visage recule.*

Je te devine à peine,
Mon brave enfant… Où donc se tient la châtelaine ?

Henri

Elle s'apprête afin de vous mieux recevoir.

Arnauld, *alarmé*

Mais pourquoi restes-tu couché dans tout ce noir ?
Pourquoi ce ton brisé ? ce visage de cire ?
Ah ! j'ai peur d'un malheur !

Henri

Il est trop vrai, messire,
Et nous avons, sans vous, bien souffert…

Arnauld

                                        Que dis-
tu ?

HENRI

Marthe est morte voilà deux mois ; j'ai combattu
De tout l'effort de ma faiblesse, pour défendre
Le plus sacré de vos trésors.

ARNAULD, *dont la voix monte*

                              Dois je comprendre
Qu'auprès de dame Blanche un chevalier félon
Se glissa, comme un vil serpent !

HENRI, *très humble, très doux*

                              Le temps fut long
Qui vous retint messire, en la terre infidèle…
Il l'aima : ce n'est pas sa faute, elle est si belle
Elle attire les cœurs sans le vouloir.

ARNAULD

                              Mais toi ?
Toi qu'en partant j'avais établi sous mon toit,
Gardien soigneux de mon bonheur.

HENRI

Je vais vous dire :

Il l'aima follement, mais contre ce délire,
Tant qu'il en eut la force, il lutta ; vint un jour
Où son honneur faillit céder à son amour
Il chancelait au bord du mal…

ARNAULD

Mais toi ! mais elle ?

HENRI, *la tête renversée*

Je défaille.

ARNAULD, *s'agenouillant*

Peut-être a-t-il puni ton zèle ?

HENRI, *dans un dernier effort*

Il ne vous a rien pris ; mais j'avais fait serment
Devant vous, d'infliger un mortel châtiment
À qui viendrait troubler le repos de ma dame.

ARNAULD

Alors, mon cher enfant ?

HENRI, *avec épouvante*

Oh ! je sens que mon âme

Abandonne déjà mon corps exténué !

Il se redresse, joint les mains, découvre l'épée.

Alors… pardon, messire Arnauld.
De toute sa voix, dans un farouche orgueil.

Je l'ai tué !

Il retombe, mort.

Rideau.

Envoi de Mlle A. Murat
Chez Mme Bartet Villa Rose de Mai
<u>Longeault</u>, Par Genlis,

<u>Côte d'Or</u>.

Manuscrit Recommandé.

Monsieur Antoine

Directeur de l'Odéon

Théâtre de L'Odéon

<u>Paris 6e</u>

<u>faire suivre</u>

SENLIS
21*
4-8
09
CÔTE-D'OR